후투티가 오지 않는 섬

차 례

제 1 부

봄비 1 …………………………………… 8
봄비 2 …………………………………… 9
깊은 우물 ……………………………… 10
산천동 …………………………………… 11
빗방울 전주곡 ………………………… 12
창 ………………………………………… 13
집 ………………………………………… 14
추억이 마려운 얼굴 …………………… 16
어떤 개인 날 …………………………… 18
화 분 …………………………………… 19
석 류 …………………………………… 20
노 을 …………………………………… 21
싸락눈 …………………………………… 22
남 천 …………………………………… 24
태백에 가다 …………………………… 26
배 꼽 …………………………………… 28
아이비 …………………………………… 30

낮은 지붕들이 모여 산다 ······················32
목공소에서 ······················34
강변 끝에 포장마차가 있다 ······················36
호랑나비를 보다 ······················38

제 2 부

저물녘 서강 ······················40
소래 포구 ······················41
야간 교실 ······················42
위 로 ······················43
풀잎 일기 1 ······················44
풀잎 일기 2 ······················45
내 마음의 벌판 ······················46
박꽃처럼 ······················47
敵 ······················48
산성비 ······················50
알의 꿈 ······················52
곡우사리 ······················54
달맞이꽃 편 ······················56
벌거숭이 바다 ······················58
후투티가 오지 않는 섬 ······················59

제 3 부

약 속 ································· *62*

숲에 가서 ····························· *64*

눈이 오지 않는 나라의 단강 1 ········· *66*

눈이 오지 않는 나라의 단강 2 ········· *68*

추사 古宅 길 ·························· *70*

추 억 ································· *72*

갈 곳 없는 하루 ······················ *74*

주유소가 있는 풍경 ··················· *75*

난지도 가는 길 ······················· *76*

물의 나라 1 ··························· *78*

물의 나라 2 ··························· *80*

파브르의 곤충기 1 ···················· *82*

파브르의 곤충기 2 ···················· *84*

파브르의 곤충기 3 ···················· *86*

산수유 ······························· *87*

봄 날 ································· *88*

바람 부는 날 ························· *89*

풀 꽃 ································· *90*

새벽 안개 ····························· *91*

정선아라리 1	92
정선아라리 2	94
정선아라리 3	96
종이학	98
밤 길	100
식탁에서	102
여름이 가다	104
오래 된 빵집	106
노 래	108
가을 서정	110
해 설	이승원 · 111
후 기	124

제 1 부

봄비 1

 지난 겨울 누우드로 버티어온 나무들이 유심히 제 몸을 들여다본다. 수없이 많이 튼 살갗을 아프게 때리는 빗줄기. 한때 농익은 열매 매달고 놀던 無性생식의 까만 젖꼭지를 퉁겨본다. 어디서 보았을까. 몇채의 집들이 들판에서 등 돌려 앉는 것을. 쑥대머리들이 귀를 쫑긋거리고 키를 늘인다. 온종일 속옷이 벗겨진 하늘에서 미처 피신하지 못한 바람들만 산발한 채 뛰어다닌다.

 스스로 물소리를 만들며
 흘러가는 비, 비.

봄비 2

 빠르게 흐르는 빗줄기. 라일락이 밥알 같은 꽃을 매단 주위는 온통 환했다. 묵은 김칫독을 들어낸 구덩이에는 겨울의 긴 뿌리가 언 채로 드러났다. 채 녹지 않은 꿈이 바닥까지 내려갔다가 끌려나온 흔적. 이름 없는 나무들의 저 빈 가지 끝 숱한 얼굴 속 어디에 단발머리 중학생 시절의 내가 있는지. 사진첩을 펼친 듯 봄밤이 환히 어두워져온다.

깊은 우물

그대 가슴에는
두레박 줄을 아무리 풀어내려도
닿을 수 없는 미세한 슬픔이
시커먼 이무기처럼 묵어서 사는
밑바닥이 있다.

그 슬픔의 바닥에 들어간 적이 있다.
안 보이는 하늘이 후두둑 빗방울로 떨어지며
덫에 걸린 듯 퍼덕였다.

출렁이는 물 위로
누군가 시간의 등짝으로 떠서 맴돌다
느닷없이 가라앉아 보이지 않는다.
소루쟁이 풀들이 대낮에도 괭이들을 들쳐메고
둘러선 내 마음엔
바닥 없는 푸른 우물이 오래 묵어서 숨어 있다.

산천동

  불빛 반짝이는 오피스텔 옥상 너머 흐릿하게 보이는 산동네 골목길 헐벗은 나무들이 진눈깨비에 갇혀서 숨막혀한다. 마음 지그시 누르고 누군가 은밀히 견디고 있다.

  지난 눈사태에 낮은 지붕들은 더욱 짓눌리어 있고 잡목숲 밑에는 마른풀들이 목을 움츠린다. 낮 동안 벗은 몸 맘껏 햇볕 쬐던 겨울나무들이 내리는 눈으로 막막한 꿈을 헤쳐놓고 잠든다.

  가파른 곳엔 흰 파라티온 묻은 하늘이 뭉텅뭉텅 잘려나갔다. 헐린 한 시절은 끝내 돌아오지 못한다. 잔액처럼 남아 있는 꿈이 밤새워 뒤척거리다가 눈속에 묻혀 눈으로 흔들린다.

빗방울 전주곡

쇼팽의 「빗방울 전주곡」이 뚝뚝 떨어지는
피아노집 차양은 푸른색 PVC였다.
빗소리들이 날아들어가다
텃새떼처럼 꼬리 치켜들고
모여 앉은 낡은 추녀 끝
고치지 않고 놓아둔 슬레이트 지붕에선
비가 새고
방안에는 놋대야가 휑뎅그렁하게
놓여 있었다.
소리 없는 건반으로 떨어져
놋대야 속에서 누군가 희미하게
오르간을 켜고 있다.
앉은뱅이책상에 앉아
밤새워 떨어지는 비의 음반에다
정체 모를 手話를 받아적는다.
자욱이 상처로 내리는 비를 온몸으로 받아
문신하듯 새긴다.
문득 빗소리 그치고 창밖을 내다본다.
훤히 이마 벗어진 푸른 새벽을 단서처럼 내다놓고
누군가 황급히 사라진다.

창

손바닥만한 밭을 일구던
김 스테파노가 운명했다.

그에게는
십자고상과 겉이 다 닳은 가죽 성경,
벗어놓은 전자시계에서 풀려나간
무진장한 시간이
전부였다.

그가 나간
하늘 뒷길 쪽으로
창문이 무심히 열린 채 덜컹거린다.

한평생
그에게 시달렸던 쑥부쟁이꽃들이
따사로운 햇볕 속
喪章들을 달고 흔들리는

弔客이 필요 없는 평화로운
곳.

집

기흥에서
병점이나 화성군으로 뻗어간
길들이

골똘한 생각 되돌려 돌아오는
단선 철로
철거된 곳에

야트막한 함바집 한채
불 담은 항아리처럼 내부가 환하다.

헌 가구와 술주정과 깨어진 그릇들이
모닥불처럼 삭아서 담겨 있고

숨어 있던 시간들이 발광체를 달고
하루살이처럼
드문드문 날아오른다.

꿈 가벼운 일용 근로자들은 갈 곳 없어

잠속에서
모지라진 꽁지 내리고 상처 가린 채
꼬부라져 있다.

아무도 없다.
어둠속에서 떠나가는
계란꽃 몇이 저희끼리
노란 물이 든 잇몸을 드러내고 웃는다.

추억이 마려운 얼굴

고속도로 휴게소 간이식당에서
찐 감자 몇봉지를 사들고
그는
추억이 마려운 얼굴로
서 있었습니다.

하늘은 눈을 찌를 듯 높고
타고 온 트럭은 등 돌려 있습니다.

지금까지 달려온 길을 잠시 벗어 걸어두고
마구잡이로
시간은 그렇게
사람들의 뒷덜미를 끌고
들어갔다
나옵니다.

하릴없이 등 돌려 남겨두고 온 하늘에는
비늘구름이 찌르레기새처럼 박혀 있고
깡마른 얼굴로

노을이 중얼거립니다.

여기서 늙음까지는 몇리 ?

어떤 개인 날

낡고 외진 첨탑 끝에 빨래가
위험하게 널려 있다.
그곳에도 누가 살고 있는지
깨끗한 햇빛 두어 벌이
집게에 걸려 펄럭인다.
슬픔이 한껏 숨어 있는지
하얀 옥양목 같은 하늘을
더욱 팽팽하게 늘인다.
주교단 회의가 없는 날이면
텅 빈 돌계단 위에 야윈 고무나무들이
무릎 꿇고 황공한 듯 두 손을 모은다.
바람이 간혹 불어오고
내 등뒤로 비수처럼 들이댄
무섭도록 짙푸른 하늘.

화 분

마디 굵은 게다리 선인장들이
게걸음으로 엉금엉금 기어서 들어가는

겨울 한복판.

털북숭이 다리 속에
온 내면이 폭발할 듯 터져나온
알몸의 수류탄들을 숨기고 있다.

베란다 하늘 속에 끝없이
몰아치는 모래바람.

밤이면 그는 남몰래 砂漠을
숨겨가지고 운다.

익명의 청춘은 그렇게 푸르른 감방에서
피어나곤 한다.

석 류

남요한 신부님이 기거하는 집 안마당엔
힘에 겨워 잎도 못 피우는
석류나무 한그루
불모의 시간을 산다.

해수로 쿨룩대는 기침소리 없는 날
이끼 낀 양기와 지붕 아래
시름이 파랗게 우러난
햇볕이 숨어 들어온다.

사철 비어 있는 댓돌엔
낡은 고무신 한켤레가 가지런하다.
하늘이 발목을 넣고 신어보는 중이다.

뒤돌아보면
하눌타리꽃들이 늦바람에
푸석푸석한 얼굴을 내다 말리고 있는
담장 너머

손님 없는 텅 빈 열차 하나 지나가는 중이다.

노 을

아직 가지 않은 신갈까지의 적막한 길

옆얼굴의 수염 까칠한 사내가

길을 마악 벗어나 길 밖을 가고 있다

수심으로 수척해진 가을풀들 속으로

외진 담장 밖 맨드라미꽃 붉은 살 속으로

싸락눈

연 나흘째 날리는 싸락눈.
흐린 하늘도 담이 결리는지 찡그린 얼굴로
제 몸을 들여다보고 있다.

어디에 숨어 있었던가
저렇게 자욱한
숨죽일 일들.

키 낮은 활엽수림
밑동까지 뭉개어진 놈일수록
숨죽이며 웅크린다.

길을 열지 못해 엉망으로 취한
누군가 눈물 범벅인 채 미끄러져
나뒹구는 공포처럼.

희디흰 백색의 공포들만 산꼭대기에
던져놓고
때를 바꾸지 못해

텅 텅 꺾여 부러지는 나무 위에도

여름 한철 붐비던
민박집 깨어진 팻말 위에도
내린다.

빈 집안으로 희디흰 정적의
숫눈들이 내린다.

집 밖에는
쓸모없는 안전대책이
주저앉아 있다.

남 천

남천은 괴롭다.
고층 아파트 베란다로 이사 온
그가 까마득히 내려다보는
절벽이 삶일까 생각하는 사이
멈췄던 생각들이 주춤주춤 빠져나간다.

각혈하듯 제 잎들을 토해서
빨갛게 언 발등을 덮는다.
추위에 꼼지락거리는 화분 위로 내놓은
발가락이 많이 텄다.

강변도로에는 혼돈이 식어서 밀리며 정체중이다.
밀리는 것은 사람만이 아니다.
나트륨 가로등의 목에 겨우 걸터앉아 조는
짧은 오후가 서쪽 하늘에 밀려 있다.

눈 뜨면 이마에서 사라지는
쇠오리들의
발꿈치.

밤섬이 한순간 수많은 은빛 가락지들을
뒷발질해 띄워올린다.
출렁거리던 섬이 마침내 상공으로
떠서 날아간다.

온몸에 오소소 소름이 돋는
한겨울 오후
남천은 밑짙게 달아오른 얼굴로
찬 땀을 매달고 섰다.

태백에 가다

화물열차가 잠깐 멈춰 서서
뒷걸음질치듯 되돌아 방향 바꾸고
급행열차도 느릿느릿 통과하는
간이역.

긴 굴속을 들어왔다 허둥지둥 빠져나가는
햇빛의 등이 굽이굽이 굽어져 있다.

적막한 백두대간의 줄기
산간 마을
아파트 몇棟.

입주자 없이 텅 빈 근린공원에
갓 심은 주목이 흘러들어온 일당 노무자처럼
헝클린 몰골로 주저앉아 있다.

싸릿재 너머
폐탄전 지역이라 쓴
희미한 팻말

경비병처럼 넋놓고 섰다.

간이역 텅 빈 선로 위에
하늘 높이 짱짱한 구름장만
나온다.

내려와 앉은뱅이 노릇한다.

배 꼽

꽃에도 배꼽이 있는가.

혼적 없이 죽음을 수납하는 꽃들에게는
배꼽이 자란다.

열매 꼭대기에 오똑하니 올라앉아서
방금 떨어진 제 배꼽이
향기로운 전생이었다는 것을

태를 태워 묻은 아득히 먼
고향이었다는 것을
터질 듯한 온몸으로 보여준다.

상처 아문 자리에 봄이 돋고
은빛 금빛 장신구에
보랏빛 티셔츠를 입은

제비꽃들이 일제히 만개한 배꼽들을 열고
깔깔거리는 동안

지상엔 웃음소리들이 수북이 쌓인다.
봄이 쌓인다.

아이비

베란다의 아이비
얽혀진 넌출에 물을 준다.

비닐끈 속에
머리를, 감춘 손발을
조금 내밀다 되숨긴다.
공기를 가르고
우주의 중심에 가닿을
밀쳐둔 마음이
그렇게 가늘게 수그렸다.

이미 순 틔워 쥐어버린 손주먹들처럼
언덕 아래
집 몇채 낮게 엎드리고
거기서
한발 더 내려가 엎드린
게딱지 같은 집들.

바닷가에서 말년을 쓸쓸히

보내다가
한밤중까지 깨어서
슬픔의 주인공처럼 헤밍웨이를
읽고 있을 아이비
천연스레 잎 한두 잎 떨구고.

낮은 지붕들이 모여 산다

야산 아래
산역꾼들이 왁자하게 내려온다.

불콰해진 얼굴들로
무엇에 더 취하고 싶은지

베어진 졸참나무 둥치 사이로
흩어지지 않는
매운내 나는 구름 몇송이.

푸름 한잎 베어문 연기 한가닥이
떠올라 흐르며 제 맨살에 썬팅한다.

숨죽인 하늘이 있는 힘을 다해 푸름을 넓히고 섰다.

그 몸 속 가로질러
어디 가고 싶은 길이 있는지?

바람소리들이 어슬렁거리며 억새밭으로

들어가고
꼬리가 언뜻 보이다 만다.

누군가 안식과 영원에 기대어 잠들었으리.

아직도 떠도는 시간만이
제집을 나와 뿔뿔이 흩어져 돌아다닌다.

시동 꺼진 신갈 일대.

목공소에서

산밑 나트륨등 아래
목공소의 불이 환하게 켜져 있다.
밤새도록 대패 미는 소리
깎고 다듬는 말들이 수북이 쌓인다.
가파른 산자락에 다닥다닥 붙어 있는
지붕들이 더욱 납작해진다.
물비늘 반짝이며 강물소리 밀어오는
바람들이 몸 낮춘다.
습한 바람 속에 몸 비비는 와우산 잔등이
아득히 떠오른다.
반 자짜리 창문이 덜컹대어
잠 못 든 나는 그 잔등에 앉아
떠돌이처럼 불모의 땅 타클라마칸 사막을
꿈꾼다. 회오리바람 자욱하게 일게 한다.
지상에다 아주 작은 가난을
불씨처럼 품는다는 일이 때로 가혹한지
변두리 목공소에서 새어나오는
흐릿한 불빛을 훔쳐본다.
산고 끝에 쏟아놓은 말들은

허공에 거꾸로 매달린 채
알아들을 수 없는 눈발로
가늘게 흩어진다.

강변 끝엔 포장마차가 있다

내일은 오지 않을 것이다.
오늘도 낮게 쭈그려 앉았다.
서로 숨죽여 둥글게 이마 맞추고 앉았다.
포장마차 몇채.

좌판 위에 포개어놓은 헌 누더기 같은 마음
찬물로 고루 헹구고 나면
싱싱한 바람소리 몇토막 쳐서
굽는지 매운내들 자욱하다.

귀퉁이에는 싸구려 희망이
상하지 않게 투명랩에 덧씌워
숨 끊어져 있고

설설 끓는 일상 속에서
따끈한 위안을 퍼서 후루룩 마신다.

뜨내기 김씨와 이씨가 만취의 나라에서
노여움과 노닥거리는 동안

식은 욕망들 씻어 엎는 소리.

성미 급한 불빛들이
차도 아래까지 몇됫박씩 내려와
눈 깜박이며 숨어 있다.
겨울이 깊다.

호랑나비를 보다

天山北路, 아직 가지 않아서 눈이 부시도록 밝은 달이
떠 있을 그곳
해오라기의 언 주둥이에 가장 둥글고 붉은 해가
찍혀 있을 그곳

제 2 부

저물녘 서강

헬멧 쓴 갈매기들이 먼 곳 하늘을
두 날개에 싣고 곤두박질
치고 있는
저물 녘 서강 앞 강물
교각을 붙들고 맴도는
어리둥절한 물결 한척
그 위에 승선한 채
비로소 웃는 햇빛들의 이빨이
부드러운 황금빛으로
반짝인다.
깔깔대는 소란스런 웃음소리가
사람들 사이로 지고 있다.

소래 포구

텅 빈 종점 정류장
학질 걸린 풀들이 하루 걸러 떨고 있는 곳
막차에서 내리는 손(客)은
거칠고 야위었다.
아들딸 타지에 보내놓고 당신은
얼마를 더 걸어야 긴 뻘밭 끝나는가.
뻘 묻은 장화가 구멍 뚫린
당신의 시간보다 더 막막하게
삭아 있다. 이따금 그리움 기득 담고
녹슨 레일 위로 달리는 시간의 소리
가슴을 마냥 뚫고 캄캄하게 지나간다.
가스불을 줄이는지 선착장 너머
여름이 빨갛게 타오르다 이내 꺼진다.
그렇게 늦여름이 저 혼자 주저앉듯 꺼진다.

야간 교실

金宗三의 시인학교
야간 교실에는
검게 찌그러진 물주전자
물 끓는 소리
가슴 밑바닥까지 추운지
이름없는
시인 몇이 낮게
두런대는 소리
지난밤 숙취 때문에
에즈라 파운드 결강
윌리엄 스티븐스 휴강
옛날 옛날
피난지 대구의
펄럭이는
천막교실 하나

위 로

내릴 손님이 없어 폐쇄된
시골 간이역에서
낭자하게 피 흘리는 선홍빛 샐비어꽃
문득 철길을 따라 걷는 가을이
맨손으로 어루만지고 또 어루만지며
선연한 피들을
닦아주고 차마 돌아서지 못한다.

풀잎 일기 1

욕심만 챙겼다. 비만증이 왔다.
어느날
당이 나오고
몸이 야위기 시작했다.
야윈 몸은 무슨 진공관처럼 울린다.

야윌수록
맑은 쟁쟁한 악기 소리들을
내는 가을풀들은 혼자서 하루 종일
흔들린다.

얼마나 많은 말들을 쏟고 가려는 것일까.
가을에는 해가 짧아진다.

풀잎 일기 2

 장독대 밑에 피어 있는 한묶음 닭의장풀들은 가을이 오는 줄도 모르고 부스럭대며 서늘한 바람 속에 흔들린다. 있는 힘을 다해서 흔들린다. 가는 손이라도 꺾이면 보랏빛 꽃도 혼백처럼 진다. 하늘에 닿는다는 믿음 하나로 가을의 끝에서 흔들린다. 앙상한 뼈가 드러난 형체로 짓밟혀도 그렇게 흔들린다.

 가을 하늘도 속수무책이다.

내 마음의 벌판

누가 팽개쳤는가
겨울 벌판 하나가 내던져져 있다.
매캐하게 쓰레기더미를 태우던
새벽 인부들도 떠나가고
구석의 팬티처럼 벌판 한장 구겨져 있다.
삶이란 그런 것이야,
아무것도 몸에 걸치지 않고 태연히
알몸으로 빠져나가서
낡은 문짝 하나 삐걱거리지 못하였다.
어디에서 옹송그리고 그는 사라졌는가.
능선 가까이 키 큰 나무들
겨울 깊숙이 묻힐 뿐이다.
이따금 쇠기러기 울음소리 흘러갈 뿐
한순간 나목에 걸려
하늘이 쓸모없는 **遺稿**처럼 하얗게 펄럭인다.

박꽃처럼

어린 날 낡은 관사의 담 밑에는
어스름이 밤이슬 축축한 기운을
홑이불처럼 덮고 숨어 있었다.

애야 들어오너라,
돌아보면 아무도 없는데
박넝쿨 넓은 잎새 속에
자객처럼 박꽃이 불쑥불쑥 솟아올랐다.

어머니는 돌아오지 않고
쓸쓸한 들판으로 어둠을 먼저
마중 나가야 했다.

언제나 큰언니의 슬픔 뒤에는
박꽃이
천진한 얼굴로 솟아오르고 있었다.

敵

잠 못 드는 열대야의 공기 속에
숨어 있는 정체 모를 적이 있다.

그놈은 시시로 사물의 몸을 걸레처럼
쥐어짜서 어둠에 걸어놓는다.
나무들이 후줄근히 걸려서
너부러져 있고
마르는 빨래들이 힘을 축적하는 소리.

붉은 깨꽃들이
초경의 비릿한 냄새를 부끄럽게
감추고 있는 아파트
현관 옆

가을 한토막이 끈처럼 슬그머니
들어와 쓰러졌다.

마음속에 누군가 열쇠를 꽂고
잠을 열려는

달그락이는
잠금쇠 소리.

산성비

산성비는 푸르게 온다.
풀잎들을 더욱 푸르게 구멍을 뚫고
그 구멍 속에서 가늘게 우는 뿌리의
울음소리도 뚫는다.

저 울음소리에 잡히지 않으려면
우리 스스로 소멸하는 거지?
아니야,
더 헐거워진 팔을 달고 날아오를 거야.

식물도감에 숨어 있는
며느리밥풀들이
허리를 끌어안고 서로 포개어 앉는다.

어느 것은
고향의 빈집 뒤로 가고
어느 것은
쓰레기장 옆으로 가고

몇몇은 금속성 비가
무겁게 내리치는 길 위에
치여 죽은 쥐처럼
쓰러져 있다.

알의 꿈

압해도 64

맑은 날이면
수천 수만의 수벌들이
앉아 대기중이다.

어딘가에 여왕벌이
암호처럼 묻혀 있는 동안

아직 깨어나지 않은 수벌들
얇은 날개를 접고 떠서 흔들린다.
파도에게서는 언제부턴가
길이 생겨나 솟아오른다.

바람들이 붕붕 소리를 내며
수평선 끝으로
납작 엎드려 몰려간다.

바다가 몸속 깊숙이 감추어둔
수벌들을 날려 보내며
끝없는 죽음을 발신음으로 手話하면

거친 물결이 스스로 몸부림쳐
길이 되어 돌아올 때쯤

몇구의 죽음이
희미한 남폿불을 들고 돌아온다.

곡우사리

압해도 65

곡우사리 때 저물녘의
앞바다는 무료하다
벗은 옷 다시 입고 또 벗는다.

불길한 꿈 슬금슬금 몰리는 압해도.

서둘러 능선들이 어깨를 비비며
다가앉는
뱃길쯤에서
만나야 하리.

지는 해를 몰고 와
쭈그려 앉은 수평선이
터져서
급류를 이룬다.

시간은 곁눈질로 피해가고
허공에 깊숙이 찍어놓은
발자국을 캐는

괭이갈매기들.

오, 그 줄지어 선 그림자에 세상은
깊어만 가고
앞바다는 무료하다
입은 옷 벗고 또 벗은 옷
입는다.

※ 곡우사리: 서해안 남쪽에서 동면하던 조기떼들이 곡우 때면 북상하는데, 이때의 조기잡이를 곡우사리라고 한다.

달맞이꽃 핀
압해도 66

이상하다, 달맞이꽃 핀
개봉되지 않은 여름 한끝엔
비가 내린다.

밀봉된 시간은
풀기 없는 빗소리로 양옆 배가
불룩하다.

낡은 곳집 뒤에서
훤칠한 키의 나무들이 서서 흔들린다.

키를 올려서 무엇을
넘겨다보니?

아랫도리를 벗은
비탈밭 옥수숫대들이
쪽빛 바람에
탱탱한 男根을 달그락거린다.

집채만한
목 부러진 파도소리 익사체처럼 떠다니고

아무도 모르는 곳에서
나는 삭는다.

가슴께까지 차오르는 경악에
입 꽉 오므린 꽃잎으로
사는다.

압해도에 한번 들어온 것들은
병명도 모른 채
삭고 있다.

벌거숭이 바다
압해도 67

측간 뒤로
벌거숭이 바다가 스르르 꼬리를 감춘다.

바람에 긴 머리칼을 날리며
일렁이더니
상수리나무 잎새로 흔들린다.

햇빛 속에서
사금파리로 사방치기를 하며 뛰어놀던
아이들도 다 떠난 뒤

바닷물에 깊이 파인 서늘한 마음
누런 물을 함께 닳고 혼자 숨어 놀 때

펄럭펄럭 펄럭펄럭 빙빙 어지러워라
어느덧
나도 상수리나무 잎새로 흔들린다.

후투티가 오지 않는 섬

압해도 68

바닷바람 속에는
치아가 누렇게 삭은 작은 꽃이
웃지 않는다.
얼굴 가린 채
흔들린다.
당산나무에는 무감각과 짚꾸러미
지폐 몇닢이
옛날 옛적처럼 묶였다.
목욕재계히고 술잔 올리듯
몇구의
죽음이 엎드려 있다.
후투티새가 오지 않는 압해도였다.

제 3 부

약 속

가을이 깊다.
도란도란 속삭이며
뜨거운 몸을 알맞게 식혀서
땅 위에 식물들을 널어놓는다.
마음껏 열정들을
내다 말리고 있다.
마을의 처마 낮은 굴뚝마다
연기 사라진 지 오래 되고
길가 빈 짐수레에도
깊은 가을이 텅텅 비어 실려 있다.
푸른 날들이 금세
몸 가벼이 비어서
쌓여 있다.
아, 화덕에서 아낌없이 타는
번성했던 시간들을
뒤집는 여인들의
손끝이 바쁘다.
머지않아
남자들은 꿈의 밭고랑마다

깊은 씨앗들을 묻으러
떠날 것이고
그 뒤에 남겨진 아낙들은
잘 여문 풀씨만한 영혼들을
펼쳐 널리라.
가을을 끝없이 채젓고 널면서
또 설레임의 날것인
시간들을
익혀갈 것이다.

숲에 가서

아직 가지 않은 길은 아름답다.
누구든지 잠 못 이루며
그 길을 바라보리라.

꿈속에서도
손바닥 없는 말방울 소리에
귀 열어놓고 잔다.

멀리 은사시나무 숲에서는
은빛 바늘을 숨기고
바람부는 대로
그 바늘들을 털어낸다.

날은 어두워오고
눈 내릴 듯 흐린 날 나는
그 눈구름들을 하릴없이 세고 있다.

아직 가지 않은 길은 아름답다.
누구든지 잠 못 이루는 이는

로버트 프로스트의 숲 가까이서
혹은 멀리서
그 길을 지켜보리라.

눈이 오지 않는 나라의 단강 1

몇굽이 길이 귀래면
혹은 부론면으로
몸 나누어 가고

되새떼들 떠돌이로 그 뒤를 따라
자욱이 옮겨다닌다.

단강에는
잠을 버린 烏石을 캐는 탐석꾼이 있다.

강바닥까지 환히 비추던 모닥불 끄고
봉고차로 그들이 떠난 뒤

날개를 접고 모래 속을 더듬더듬
잠복해 기어가던
오석들이

온몸에 불덩일 끄고
깊숙이 숨어 있던

全鳳健 시인이 생전에 놓친
오석들이

관절 풀린 길을 버리고
되새떼를 벗어나
불끈 날아간다.

검은 새 한마리 높이 날아간 건너편 하늘은
온통 빛의 천지.

눈이 오지 않는 나라의 단강 2

새벽 추위를 두껍게 껴입은 돌꾼들이
단강이 실린 버스를 기다린다.
원성군 문막에서 길이 갈려

산 발치에
내려놓는 단강.

눈이 오지 않는 나라가 어디냐고
물어도 사람들은 모른다.
눈길에 길이 묻히면 종일이 걸리고
그냥 가면 한나절이 걸린다.

겨울 추위가 갈수록 길로 쌓여 있고
허리까지 빠지는
이곳을
못 돌아올지 모른다.

누군가 잃어버린 꿈들이
얼굴 없는 돌로 박혀 울고 있는 곳

남은 욕망을 캐거나
뽑으려면
서둘러 가야 한다.

강물의 얼음 속에
굳게 다문 입들이
갇혀 있다.

폐허로 가라앉은 물속 마을을
거꾸로 서서 들어갈 때
단강리는 윙윙 우는 전신주로만
남아 있다.

마침내 섬광처럼 숨어 있던 눈 마주쳐
밑창 빠진 슬픔을 건져낸다.
돌밭에 홀린 돌꾼들은 대신
그 자리에 무거운 돌로
뿌리박혀 끝내 돌아오지 못한다.

추사 古宅 길

추사 고택으로 가는 길 끝이 없는
밭고랑에 납빛 적의를 번쩍이며
잔설들이 잠복해 있다.
살벌한 빈 가지들을
십만 대군처럼 도열시킨
사과밭.

사과 한상자 이만원
빈 나무상자들만이 퀭한 속을 내보일 뿐
창고는 닫혀 있다.

등굽은 사람들은 어디 가서 가지를 치거나
살 튼 손으로
사과알을 어루만지며 닦고 있을 것이다.

묵은 기왓장 깨어져 뒹구는
담 밑에 추위를 녹이는지
며느리밥풀꽃만한
자디잔 햇빛들이 널브러져 있다.

몇차례 길을 물어서
돌아나올 때
하늘이 어느덧 흥건한
노을빛으로 물들었다가 꺼진다.

추 억
압해도 69

흐린 기운의 압해도는
어슬렁거리는 안개더미 속에
숨어 있다.

어디에 갔을까
맨발로 바다에 갇혀 떠도는
그대의 혼.

누군가 자물쇠를 풀었다.

드러난 파도의 건반이 아득하고
햇빛들은 부서진 상념처럼 튀어오르고 있다.

어디에 갔을까.
솔바람소리 가득 실은 어선 한척
속 모르는 구름들이 그걸 끌고

애기똥풀꽃이 차지한
선유도에 닿았다 하고

안개더미 속에 실종되었다 하고.

풍장의 초분이 힘껏 무너져내리는 소리.
하늘로 뻗었다 가라앉는 소리.

수평선에 걸린 새벽이
주먹만하게 식은 햇덩이로
맨 처음 떠오르는 소리.

밑동 잘린 석류나무들이
잔해처럼
치워진 자리.

허기져 누운 산발한 옛일을 안아 올린다.

익사체 한구 떠오르지 않아
내가 나를 가두어버린
먼 압해도.

갈 곳 없는 하루

갈 곳 없는 하루가 아득할 때가 있다.
누가 거친 산의 등줄기를 오른다.
집들 사이로 골목길 하나 겨우
비집고 올라갔다가 산밑에 걸쳐 있고
나의 집은 어디에고 없다.
낮은 마음 한채도 내 것이 아닌 날
겨울 속 비애는 겨우내 말라서
어디쯤 가고 있는지
그 뒤꼭지가 보일락말락한다.
내 마음에 물든 깊은 멍을 지우려고
물은 흐르고 어디든 휘돌아와서
더듬더듬 사람의 말로 울다가
궂은 물속에 제 살 씻기우는 아픔들
하늘에 고개를 내밀다가
폐품으로 굴러내리다가
시멘트 축대에 빨래처럼 표백되어
축 늘어져 걸린 햇빛들
가위눌린 한나절은 이미 기울고.

주유소가 있는 풍경

1

아무 일도 없었다는 듯 손을 툭툭 털고
다시 웃통 벗어젖힌 일꾼 몇이
등 돌려 하루를 닦는다.
구릿빛 등 뒤로
휘발하는 마음만 오후 내내
흔적도 없이 날아가
문득 서녘 하늘에 맵고 아린
냄새들로 자욱이 깔려 있다.

2

미로처럼 뒤엉킨 골목엔
튀는 진흙탕을 피해 발을 옮겨 딛는
담장 옆 봉숭아 몇포기
아직도 속잎 속에 겹속잎을 달고
점점이 의문부호로 박혀 있는 모습을
노을 속에서 보는 일은 아름답다.

난지도 가는 길

우수 지난 길에서는 해도 풀린다.
수만 가닥의 실처럼 언 몸이 풀려서
속이 환히 비춰 보인다.

겨울 내내 현상범처럼 잠적했던 얼음은
으슥한 논 한귀퉁이에 엎어져 뒹굴고

먼 교외선 간이역으로 가는 바람들은
제 몸 속에 해를 넣고 간다.

행주대교 지나서
사람 냄새 스쳐 지나서
변두리로 가면 난지도.

억새풀 사이 그는 스스로
왕릉처럼 역사를 모셔놓고
와선하듯 누웠다.

몇基의 왕릉을 돌아서

과거로 가는 낡은 古邑의 기차
불빛 없이 흔들리는 꼬리등이 아득하다.

물의 나라 1

물속의 갈대들이
1994년과 1995년
사이로
처음
무릎을 꺾고 또 무릎을
꺾었다.

물오리떼가
그 꺾인 무릎 아래
둥우리를 짓고
겨울을 품고 앉았다.

아직도 가야 할 날이 남아 있나
발가락에 늘 감겼던 길
문득 끊어버리고
날아간다.
날아가면 꿈마을 거기?

신갈, 기흥, 망포리 낯익은

노선 표지판을 거꾸로 매단
텅 빈 완행버스 한대
무슨 흉물처럼 와서 멎는다.

헐리다 눌러앉은 황톳길이 누더기처럼
아직도 끊어져 삭는 곳.

해묵은 갈대들이
물속을 무시로 드나들며
무릎을 꺾고
또 꺾었다.

물의 나라 2

수초들이 흔들리는
뚝방 밑을
기웃거리다

길은
지붕 낮은 집들
거꾸로 서서 흔들리면
저도 따라서
거꾸로 서서 흔들리다 가라앉는다.

시간은 저 혼자 귀밑머리를 적시고
또다른 시간에게 가
몸 비비며
물소리를 쏟아낸다.
살아 있는 자들의
훈장일까.

흐릿한 밤의 끝에 이르러
어둠이 재티처럼

낮게낮게 깔리는 하늘
흐르지 않는 어린 날.

누군가 버려두고 간
고통의 한복판 같은 것.
빛 속의 한 흑점 같은 것.

길은 서로에게
닿았다가 슬쩍
비켜서 간다.

파브르의 곤충기 1

외톨이 벌 한마리가
팽그르르 한바퀴 돌고 나더니
숨이 멎는다.
몸부림 한편 남기지 않은 채.

아파트 화단에 나가 벌을
묻어준다.
무덤을 만들고 흙부스러기를
무심히 끼얹은 순간 내 손 밑에서
꿈틀거리는 날카로운 예감 하나.

잃어버린 짝을 찾아
눈 가리고도 수천 수만리를
단독 비행해 온다는
벌 이야기가 떠올랐다.

먼 옛날로부터
사람은 날개 터는 벌이 아니었을까.
마주치는 얼굴마다

온종일 붕붕거리기만 한다.

꿀벌이었다가
뒝벌이었다가
말벌이었다가
어리뒤영벌
혹은,
일벌이 되는……

어디선가 제 짝이
정적을 가르고 날아올지 몰라
별빛이 두드리지 않는 날에도
모두 열어놓기로 했다.

내 안으로 날아 들어올
날카로운
원시폽 하나를 위하여……

파브르의 곤충기 2

나나니벌이 제 새끼를
길들이는 아파트 단지
밤이면 창들이
일제히 입벌린
동굴이 된다.

깊이를 알 수 없는 시간들이
동굴을 지나는 동안
살아나는 불빛 몇개.

취기어린 남자의
허물어지는 웃음소리.

그 웃음소리 하나는
커다란 날개를 단 박쥐가 되어
제 그림자 위를 맴돌다가

길게 꼬리를 달고
유성처럼 사라진다.

나나니벌이
길들이는 소리
물소리에 귀 트이는 사람들이
사는 마을로 가는지?

파브르의 곤충기 3

산복숭아 한개.
한 여드레 애벌레를
貫들인 그는 어느덧
까만
둥지가 되었다.

햇볕 속에 환히 드러난
신경 올을 파르르 떠는
애벌레들.

그는 온통
원시성을 내부에 키우는
사람의
쭈그러진 모습.

산수유

한곳으로 가지런히 빗은
팔푼짜리 풀잎들의 센 머리칼 위로
진눈깨비 듬성듬성 섞여 내리고
증오처럼 핀 눈꽃들.

몇개의 발자국 흩어진 잡목숲에서
미처 여물지 못하고
落果들로 진
빈 지리

스스로 타버리지 못하고
붉은 선혈 내비친다.

멍으로 가라앉은
마음이
투명하게 내비친다.

그 긴 겨울 내내.

봄 날

솟을대문이 열려 있다.
그 안에는 무엇이 있는지
언제나 텅 비어 있다.

나무 몇주 베어낸
집 울 뒤로는
몸집이 바싹 마른
고요가
어슬렁거리고

대나무들이 어깨를 낮춰 들여다보는
집안에는
대폭 수리하다 만
슬픔이 해체되어 있다.

햇빛 부신 신갈 마을에는.

바람 부는 날

제방 둑 위에서 숲길이
한가닥 위태롭게 흘러내리다가 앉았다가
날아가다가

억새풀들이 무더기로
뒹굴며 쓰러지며 엉켜 있다가

서로에게 기대이다가 함께 쓰러진
새꼬치들이 맨 밑에 깔려
꺾여 있다.

누군가 떠났다가 돌아온 모양이다.

풀 꽃

  모서리가 헐거운 숲 가운데엔 낯모를 풀꽃들이 배꼽을 내놓고 잠들어 있습니다. 이들의 향기를 깨우지 않으려고 아침 안개는 숨소리 끊고 잔잔히 밀리기만 합니다. 더러 배탈이 난 풀꽃들만 우르르우르르 몸을 흔듭니다. 뿌리들이 흙 위로 들려 있는 고사목 위로 구름 몇개가 깨끔발로 지나갑니다.

  마을 앞은 깨끗합니다.
  야외 화장실 앞에 쭈그리고 앉은
  달개비 몇가닥
  바람이 붑니다.

새벽 안개

관솔 타는 냄새가 산 아래까지 내려왔습니다. 어머니 속곳보다 더 뽀얀 비닐하우스를 들추면 그 속에도 푸른 새싹과 잎새들 자라고 밤마다 마을 앞에 와 물은 몸을 움츠립니다.

흐르는 물이 페놀과 티타늄에 매맞아 죽어 있을 때 우리의 삭은 귓속과 영혼까지 씻어줄 것이라고 믿는 사람은 아무도 없습니다. 부드러운 흙조차 믿지 않은 시대가 온 겁니다. 맨발의 아이들은 보이지 않습니다.

옛 발동기 돌아가는 소리 들리는 듯하고 마을을 휘감고 도는 관솔 타는 냄새가 좋아 나는 들키지 않게 서성거렸습니다.

정선아라리 1

아직 가야 할 날 많다는 듯
적막을 하역해야 하는 듯

안개 속
역무원 없는 구내에
객차 옆구리에서 터져나온
사내와 여자 한쌍 떼어놓고

수취인 불명의 쓸쓸함도
몇점 떨구어놓고

통일호 열차
느릿느릿 간다.

적송밭 일대에는
적체된 과거가 미처 빠져나가지 못하고
통한처럼 남아 푸르다.

오히려

내 마음에 여름은 주저앉아
일어날 줄 모른다.

노랫가락 유장한 몇굽이가
녹슨 폐광에서 흘어내린 물로
제 아랫도리를 적시는 줄 모르고

아라리 아라리 아라리 고개로
나를 넘겨주게……

누군가 뱉어놓은
정선군 大河面
아라리 안쪽.

정선아라리 2

너와집 한채로
정선은 어둠이 깊다.
아궁이에 적막을 태우며
매운내를 허리띠처럼 두른 숯막
어느덧 자진해서 매운내로 지워져 있다.

길게 늘어선 굽이마다 앞길을 막는
전나무 오리나무 자작나무 낙엽송 떼거리들이
비로소 정선을 정선답게 완성한다.

정정한 장정들 사라지고
퍼런 심줄 드러낸
말라붙은 강줄기에는

이따금 바람소리만이 게거품을
물고 와
발 앞에 부서져 누워 앓는 소리를 뱉는다.

허름한 슈퍼 내부

뽀얗게 먼지 앉은 알전구 아래
대낮부터 졸고 있는 관음죽 한그루.

언제부터인가 그녀는
아라리 안쪽의 적막을
더욱 깊게 한다.

정선아라리 3

해가 일찍 자리 뜬 무량면 무량리에
길 잃은 마음으로 닿으면
무량하게 무량리가 대신 와서 자리잡는다.

무너진 꿈 서넛 서슬이 삭고 고개 든
잡초들이 숨겨논 마른 실개천으로
가만히 시간들이 잦아들다 잠이 든다.

기계충 오른 빡빡머리 소년과 마른 버짐 핀
계집아이가 정지된 키로 살고 있는 곳.

새벽 물안개가 마악 진입한 강심에는
밤을 지샌 투망꾼 몇이서 투망질로
물들의 작은 몸들을 건져올린다.
침묵의 단단한 말떼를 잡는다.

언젠가 놓친 아라리 한가닥이
눈 큰 아이처럼 슬픈 눈망울 껌벅거리며
뒤통수 보인 채 휘돌아가버리면

산짐승들이 사람을 만나도 피하지 않는
작은 불빛들이 무심히 길을 길 위에 빠뜨리는
어둠속 저의 얼굴 수줍은 듯 묻는
폐석으로 덮인
정선 입구.

종이학

우리 아파트 바로 위층엔 신혼부부가 세들어 삽니다.
원양어선을 타고 결혼식 다음날 떠난 신랑을 기다리는
그녀는 매일 종이학을 날립니다.

한두 마리 날아오르다가 수십 마리가 우리집 베란다에
떨어져 죽습니다. 그 중 몇마리는 아직
허공을 날고 있습니다.

날개 없는 학을 무엇이 날려주는지 모른 채
나도 마주 손 흔들어줍니다.

어느덧 그녀의 하늘에서 나는 흔들립니다.
종이학이 날아올 때마다 덜컹대는 창문,
새로 돋는 아이비 덩굴손도 흔들립니다.

허물린 담장 위엔 이승의 보이지 않는
새파란 손이 보이기 시작합니다.

매캐한 하늘 속 홀로 있어도

그리움 깊으면 흔들린다는 사실이
황홀해져 또다시 흔들립니다.

불현듯 그대에게 날려 보낸 학 한마리는
기다리지 않기로 했습니다.

밤 길

텅 빈 주차장 앞길로
강바람이 불어온다.
바람과 나는 늘 아는 이 길로만 다닌다.

바람이 몇번씩 몸부림칠 때마다
수양버드나무 메마른 가지 사이로 불빛 몇송이
흐린 눈을 숨기고 있다가 납작 엎드린다.
어디서 본 듯한 저 얼굴은 누구인가.

폐차처럼 조용히 한곳에 자리잡은
하루가 아직도 속도를 줄이지 못한 채
급제동으로 전복중이다.
늘 가속이 붙는 이 거리가 그렇게
가속 끝에 떠 있다.

한강변에는 얇은 얼음들이 키를 키워서
건너가고 있다. 건너간 것은 벌써
기슭을 오르내리고 있다.
두 발이 묶여 뛰지 못한 채 엎드려 흐르는

저것은 무엇일까.

마음 헐거운 경비원들이 딱딱한
의자 위에 마음 풀어놓고 누워 있는
경비초소 뒤

몇달째 문닫은 포장마차
비닐포장들이 가볍게 흔들린다. 지상엔 아득히
깨어 뒤칙이는 바람소리. 제가기 되살아난
추억이 늘 아는 이 길로만 다닌다.

식탁에서

나는 추억 중독증에 걸렸다.
클린랩에 싸둔 젊음 두 뭉치와
잊었던 노래 절반씩을 꺼냈다.

파스텔 장미 그림이 있는 식탁 위에
막 벗겨놓았을 때 딱딱하게 언 노래는
종일을 까물까물 기어가다 끊어지다
가까스로 한굽이 넘는다.

밀봉된 젊음 한뭉치는 끝내 햇빛이
게걸음으로 쏟아져내리는
건너 棟 너머

입에 거품 물고 쓰러진 바다로 가서
어슬렁거렸다 툭툭 발길로
바다를 걷어차기도 했다.

씽크대 창턱에서 누군가 쉰 목소리로
흥얼거리는 노래를 들으며

추억을 또 몇알 꺼내어 삼킨다.

갈증이 일면
무화과나무에 유령처럼 걸린
옛날을 마신다.

이따금 시간 찢어진 기를 들고
보트 몇척 세내어 높은 하늘을
건너기는
비늘 구름들.

파스텔화가 걸린 식탁에서
추억 중독증에 걸린 나는
병명도 모른 채 앓는다.

여름이 가다

만날 사람도 없이 긴 나무의자에
누워 있는 사람들의 얼굴이 불콰하다.

닫힌 얼음집 앞에 빚더미처럼
여름이 엎질러져 있다.

문 안에서 누가 톱질을 하는지
새벽에서 밤까지
슬픔들이 토막으로 잘려나오는 소리.
질이 연한 내 마음이 아프다.

쭈쭈바를 입에 문 아이가
기웃거리다 지나가는 쪽
속이 편안한지, 덜컹거리며 가야 할 길 버리고
시동 걸린 화물트럭이 빈 채로 대기중이다.

큰길 옆 버즘나무 그늘 밑
사람들이 얼굴을 펴면 뜨내기 꽃들의 얼굴에도
햇볕이 환하게 빛났다.

몰래 내다 버린 화분 속에
관절을 앓는 남천이, 은침을 박고 있는
어깨와
겨드랑이에
여름이 환하게 지는 중이다.

오래 된 빵집

이스트로 우리밀빵을 굽는
구식의 오래된 빵집이 열려 있다.

이중 유리문 밖에는
첫새벽에 온
몇차분의 희망과 절망이
하치장에 쌓여
그대로 방치되어 있고

어디론가 떠나는
밀가루 반죽 같은
장마구름이 붕어빵을 빚으며 낮게 떠돈다.

한잔의 우유와 한접시의 일상을
앞에 놓고
물끄러미 창밖을 내다보리라.
앞날을 내다보리라.

아직도

간밤 깊은 꿈속에 잠복한
주인에게

긴 골목의 담장 밑
민들레꽃들이 제 손아귀보다
작은 삐삐들을 손 속에 감추고
수신한다.

오.우.버!

노   래

몸 속에서 누군가 재앵 쟁
녹슨 악기를 흔드네.

등이 성치 않은 나무들
잎들이 다 떨어져
모여 서서 떨고

갈대들이 심심찮게 우는 날
시장에 나간 山藥이라는
山魔 몇근 그외 슬픔
몇가지를 사왔네.

한때 푸르렀던 마음 닫고
늘푸른소나무 숲을 꿈꾸었던
마음도 닫아 비켜 서면

소리없이 숨었다 나타나는 풀들만 귀를 열고
정선아라리 한곡조 날리네.

"아우라지 뱃사공아 배 좀 건네주게
싸릿골 올동박이 다 떨어진다"

아라리 마을로 돌아가고 싶어
누군가 출렁이는 노래 받아서
기쁨 뒤의 슬픔 받아서
갈무리하네.

오늘도 고장난 내 몸 속을
수리하면 재앵 쟁
몸 가볍게 비워
맑게 목청 트일 날 다시 올까.

가을 서정

경비행기들이 일직선으로 사라진 하늘가에
스사스사 아으아으 쇳소리를 내며
숨차게 주저앉는 가을
그들은 모두 어디로 쉬엄쉬엄 흩어져갔을까
담그늘 밑에 까부라져 뒹구는 수레국화 몇점
입술에는 침 마른 하이얀 자국들이
얼룩으로 붉은 물 들었다
그 곁 일렬로 늘어선 갯쑥부쟁이 입술에도
붉은 얼룩물 들었다
오랜만에 이 빠지고 눈 시린 길 버리고
어디 낯선 괴로움의 나라로 갔을까
혹시는?

■ 해 설

정적의 아름다움과 생의 아이러니

李　崇　源

　여기 여러가지의 풍경이 있다. 그 풍경들은 쓸쓸하고 고요하여 어느 외로운 자아의 내면을 그대로 드러내 보이는 듯하다. 거기에는 봄비에 등짝을 얻어맞는 나무들이 나오는가 하면 암청색 하늘로 곤두박질치는 새떼들, 긴 머리칼을 날리며 꼬리를 감추는 벌거숭이 바다도 나온다. 그러한 거시적 풍경의 저변에는 바람에 흔들리는 제비꽃, 달맞이꽃, 며느리밥풀꽃, 애기똥풀꽃에서부터 하눌타리, 소루쟁이풀, 수레국화, 닭의장풀 등 이름도 생소한 풀들, 심지어 "치아가 누렇게 삭은 작은 꽃"(「후투티가 오지 않는 섬」)에 이르기까지 작고 미미한 생명의 기운들이 등장한다. 이 크고 작은 풍경의 단면들이 모여 이루는 시의 화폭에는 아련한 비애의 음영이 드리워져 있고 뭐라고 명확히 규정하기는 어려우나 분명 아름답고 애틋한 회한의 정조가 흐르고 있다. 요컨대 독특한 서경과 서정이 상호 침투하면서 자아의 내면을 드러내는 데 노향림 시의 개성적 특질이 있는 것이다.
　노향림 시에 담긴 다양한 풍경들은 정도의 차이가 있지만 시인 자신의 내면적 정황과 그 움직임을 여러가지 각도에서 반영하고 있다. 어떤 경우 그 풍경에 자아가 개입하지 않고 단순한 서경으로 일관하는 듯한 작품도 적지 않지만 그것은 작품의 표면에 나타난 모습일 뿐이고 풍경의 선택이라든가 언어를 통한 서경적 표현 등 작품의 이면에는 역시 자아의 정황이 그 나름의 작용을 하는 것을 볼 수 있다. 그리고 그와는 달리 시적 자아가 적극적으로 개입하여 풍경의 배면에 자아의 정조를 농도있게 담아내는 시편도 있는데 독자에게 전달되는 감동의 파장은 전자보다 후자의 시편이 더 직접적이고 강열한 것이 사실이다. 그만큼 시는 시적 자아의 내면이 독자를 향해 진솔하게 개방될 때 감동을 불러일으킬 수 있다는 것을 여기서도 확인할 수 있다.

노향림 시인이 시단에 발을 디딘 지도 어언 삼십년의 세월이 흘렀고 생의 연륜도 지천명의 단계를 넘어 무르익어가고 있다. 누구든 세상을 오래 산 사람이라면 자신의 지난날을 되돌아보고 회한에 잠긴다든가 아쉬움을 느끼는 수가 많다. 노향림 시인 역시 그런 면에서 예외가 아니어서 시간의 흐름을 의식하며 과거와 현재의 대비 속에 자아의 위상을 성찰하고 있다. 시집의 첫머리를 장식하고 있는 「봄비 1」과 「봄비 2」는 그러한 시인의 의식을 우리에게 보여준다.

    지난 겨울 누우드로 버티어온 나무들이 유심히 제 몸을 들여다본다. 수없이 많이 튼 살갗을 아프게 때리는 빗줄기. 한때 농익은 열매 매달고 놀던 無性생식의 까만 젖꼭지를 퉁겨본다. 어디서 보았을까. 몇채의 집들이 들판에서 등 돌려 앉는 것을. 쑥대머리들이 귀를 쫑긋거리고 키를 늘인다. 온종일 속옷이 벗겨진 하늘에선 미처 피하지 못한 바람들만 산발한 채 뛰어다닌다.

    스스로 물소리를 만들며

흘러가는 비, 비.
──「봄비 1」 전문

　빠르게 흐르는 빗줄기. 라일락이 밥알 같은 꽃을 매단 주위는 온통 환했다. 묵은 김칫독을 들어낸 구덩이에는 겨울의 긴 뿌리가 언 채로 드러났다. 채 녹지 않은 꿈이 바닥까지 내려갔다가 끌려나온 흔적. 이름 없는 나무들의 저 빈 가지 끝 숱한 얼굴 속 어디에 단발머리 중학생 시절의 내가 있는지. 사진첩을 펼친 듯 봄밤이 환히 어두워져온다.
──「봄비 2」 전문

　이 시에서 한겨울을 벌거벗은 몸으로 버티어온 나무가 봄비를 맞으며 자신의 몸을 들여다본다는 구절은 가시적 정경을 제시하는 차원을 넘어서서 시인 자신의 마음의 움직임을 그대로 보여준다. 시인은 생의 한고비에 이르러 과거의 신산한 삶의 행로를 돌이켜보며 자신의 몸과 마음을 점검해본다. 수없이 튼 살갗의 상처가 눈에 들어오는가 하면 채 녹지 않은 꿈이 흔적처럼 표면에 떠오르기도 한다. 과거의 어느 한때 농익은 열매를 매달고 결실의 기쁨을 누리기도 했던 나무는 지금 생명의 젖줄기를 상실한 까만 젖꼭지만 봄비에 적시고 있을 뿐이다.
　요컨대 이 시의 봄비는 신생과 부활의 이미지가 아니라 자책과 회한의 의미로 제시되어 있다. 여기서 봄은 흥겨운 소생의 봄이 아니라 바람이 떠돌고 추억이 배회하는 회한의 공간으로 그려져 있다. 그 회한의 공간 한쪽에 40년의 세월을 건너뛰어 단발머리 중학생 시절의 내가 비를 맞고 있다. 그렇게 자신의 어린 모습을 떠올리자 봄비 내리는 정경은 추억을 가득 담은 사진첩처럼 의미있는 영상으로 다가온다. 그래서 "사진첩을 펼친 듯 봄밤이 환히 어두워져온다."는 심미적 결구가 끝에 배치되었다. 봄비 내리는 밤의 정경이 결코 환할 수는 없다. 그러나 봄밤은 사진첩을 펼친 것처럼 과거의 모든 추억을 생생히 눈앞에 펼쳐내기 때문에 문득 환하게 밝아지는 공간성으로 인식될 수 있다. "봄밤이 환히 어두워져온다"는 역설적 표현은 시인의 이중적 공간의식을 효과적으로 나타낸다.

이렇게 과거와 현재를 병치하며 가시적 공간 저편에 추억의 그물을 드리우고 있는 시인의 의식은 그 공간을 정적의 풍경으로 채워넣는다. 정적의 풍경은 그의 거의 모든 시에 등장하지만 특히 그 적막이 시의 중심 노릇을 하고 있는 작품들을 보면 그가 현실과의 단절감이라든가 자아의 고립성에 상당히 중요한 의미를 부여하고 있는 것이 아닌가 하는 생각이 든다. 그리고 그것은 소란스럽고 번잡한 세속, 인간의 현실사에 대한 혐오에서 비롯된 것은 아닌가 하는 생각까지 드는 것이다.

예를 들어 「정선아라리 2」를 보면 너와집에 어둠이 깊어가는 정선의 적막한 풍경이 제시된다. 정선의 너와집 아궁이에 태우는 것은 짚덤불이 아니라 '적막'이며 그 주위를 감싸는 것도 '매운내'로 표상되는 적막의 기운이다. 바닥이 드러나도록 말라붙은 강줄기에 바람소리만 앓는 소리를 내는 정선의 황량함은 인간의 자취마저 다 지워버린 듯하다. 생의 기미가 조금은 담겨 있을 슈퍼 안에도 "대낮부터 졸고 있는 관음죽 한그루"가 "아라리 안쪽의 적막을／더욱 깊게" 할 뿐이다. 이렇게 생의 현장에서 멀리 떨어진 듯한 정적의 공간을 보여주는 데에는 시인이 역동적 현실보다 이러한 정적의 내면성에 기대려는 의식이 작용하는 듯하다.

이러한 단서는 「싸락눈」이나 「석류」 등의 시에서도 찾을 수 있다. 「싸락눈」에는 온 세상을 평등하게 뒤덮는 "정적의／숫눈"이 등장한다. 연 나흘째 내리는 싸락눈에 천지가 숨죽인 듯하다. 키 낮은 활엽수림에도, 텅텅 소리내며 부러지는 키 큰 나무 위에도, 여름 한철 붐비던 민박집 팻말 위에도 아무 소리 없이 눈은 내리고 쌓인다. 이 정적의 숫눈이 내리는 공간도 텅 빈 적막의 분위기를 내뿜는다. 여기에는 움직이고 소리내는 사물이라고는 하나도 없다. 정적과 무위의 공간 속에 싸락눈이 시간을 초월한 듯 내리고 쌓일 뿐이다.

이러한 정적에 대한 관심은 「석류」에서 불모의 시간에 가까운 적막의 내면성으로 발전한다. 여기에는 힘에 겨워 잎도 못 피우는 석류나무가 등장한다. 그 석류나무는 해소 기침에 시달리는 남요한 신부님의 노쇠함과 상응하는 위치에 있다. 말하자면 남요한 신부님과 석류나무는 불모의 시간을 공유한다는 점에서 동일화된다. 신부님의 기침소리도 들리지 않는 날 잎도 못 피우는 석류나무가 서 있는 마당으로 햇볕만이 말갛게 스며들어 온다. 댓돌에는 신부님의 것인 듯 낡은 고무신 한켤레가 가지런히 놓여 있다. 그 고무신 외에는 오랫동안 아무것도 놓이지 않았을 그 적막의 공간 속에 하늘이 고무신 안으로 발목을 넣어보고 있다고 시인은 생각한다. 이 표현은 동화적 발상으로 포착된 적막의 한 극점을 우리에게 보여준다. 이러한 적막의 풍경 뒤쪽에 펼쳐진 배경도 역시 적막하기는 마찬가지다. 하눌타리꽃이 흔들리는 담장 너머로 손님 없는 텅 빈 열차가 지나가는 모습을 이 시는 마지막으로 보여준다.

이 시에 제시된 적막의 풍경이 남요한 신부님의 거처를 중심으로 전개되었다는 점에서 그것은 어떤 정신의 가치를 지닌 것이 아닌가 하는 생각이 든다. 말하자면 시인의 의식 심층부에 적막에 기대고자 하는 지향성이 숨어 있는 것은 아닌가 하는 느낌이 드는 것이다. 이러한 생각은 「어떤 개인 날」 같은 시를 대할 때 더욱 분명해진다. 이 시는 빨래가 "외진 첨탑 끝에" "위험하게" 널려 있는 모습을 "깨끗한 햇빛 두어 벌"이 펄럭인다고 표현하고 있다. 생의 궁벽진 벼랑에 걸린 듯한 깨끗한 빨래의 나부낌은 팽팽하게 드리워진 "하얀 옥양목 같은 하늘"의 이미지로 전환된다. 야윈 고무나무들이 두 손을 모으고 있는 모습을 보는 내 등뒤로 "비수처럼 들이댄／무섭도록 짙푸른 하늘"이 펼쳐져 있다. "깨끗한 햇빛 두어 벌" "옥양목 같은 하늘" 비수처럼 무섭게 짙푸른 하늘 등 이 시의 어법은 시인이 제시하는 적막의 풍경이 순수의 표상에 가까운 것임을 우리에게 알려준다. 순수와 맞닿은 적막의 이미지는 종국에는 다음과 같은 작품에 이르러 무욕의 평화를 염원하는 정신의 움직임으로 상승한다.

    손바닥만한 밭을 일구던
    김 스테파노가 운명했다.

    그에게는
    십자고상과 겉이 다 닳은 가죽 성경,
    벗어놓은 전자시계에서 풀려나간
    무진장한 시간이
    전부였다.

    그가 나간
    하늘 뒷길 쪽으로
    창문이 무심히 열린 채 덜컹거린다.

    한평생
    그에게 시달렸던 쑥부쟁이꽃들이

따사로운 햇볕 속
喪章들을 달고 흔들리는

弔客이 필요 없는 평화로운
곳.

——「창」 전문

우리는 이 시를 통하여 시인이 보여준 적막의 풍경들이 무엇을 지향하고 있으며 그것이 어떠한 정신적 가치를 지닌 것인지를 짐작할 수 있다. "손바닥만한 밭" "겉이 다 닳은 가죽 성경" "무진장한 시간" 무심히 열린 창문, 햇볕에 흔들리는 쑥부쟁이 꽃들 등 이 시에 펼쳐진 사소한 듯한 정경들은 결과적으로 마지막 행의 "弔客이 필요 없는 평화로운/곳."이라는 시행의 의미로 집중된다. 이것은 마치 노장적 허정무위의 경지를 연상시키는 것처럼 텅 비고 적막한 것이 오히려 충만한 상태임을 우리에게 보여주는 듯하다. 이러한 정신의 경지는 시인이 기댄 카톨리시즘의 지주가 만만치 않은 것임을 우리에게 알려준다. 진정한 평화란 융성하고 번화한 곳에서 이루어지는 것이 아니라 궁벽지고 소외된 공간에서 확보되는 것이라는 인식을 이 시는 은밀히 보여주고 있다. 진정한 기도의 공간, 구원의 길은 저 번화한 저자나 시정에 있지 아니하다. 손바닥만한 밭을 일구며 낡은 성경책과 더불어 조용히 자신의 내면에 침잠해갔던 그 고요의 삶 속에 진정한 평화와 축복의 길이 열리는 것이다. 이처럼 시인은 적막에 몸을 기대고 종국에는 적막에서 평화의 안식을 얻으려는 몸짓을 보인다.

그런데 사람들과 부대끼고 사는 시정의 삶 속에서 그러한 적막이 주는 안식과 평화가 우리에게 쉽게 허여되지 않는다. 오히려 우리는 적막 속에 평화를 얻기보다는 허무와 비애, 무상의 소멸감을 느끼는 경우가 많다. 내면으로는 적막의 안식을 추구하지만 현실적으로 부딪쳐오는 것은 적막의 쓰라림일 때 시인의 마음은 더욱더 고통스러울 수밖에 없다. 사람은 결국 육신을 때리는 아픈 빗줄기 같은 고독의 굴레에서 벗어날 수 없는 것인가. 슬픔이란 사람으로서 벗어날 수 없는 숙명적인 멍에와 같은 것인가. 이러한 생각이 그의 시 여러 편에 나타나 있다.

　예를 들어 「내 마음의 벌판」 같은 시를 보면 구겨진 팬티처럼 버려진 황량한 겨울 벌판을 보여주면서 삶이란 결국 이런 것이 아니겠느냐고 자문한다. 이 시는 "하늘이 쓸모없는 遺稿처럼 하얗게 펄럭인다."는 마지막 시행으로 미루어볼 때 죽음의 세계로 떠난 사람을 대상으로 쓴 것이 아닌가 짐작되기도 하지만 전반적으로 허무와 소멸의 감각이 짙게 드리워져 있다. 또 「눈이 오지 않는 나라의 단강 1」과 「눈이 오지 않는 나라의 단강 2」 연작을 보면 원성군 문막에서 부론면과 귀래면으로 나누어져 남쪽으로 전개되는 단강을 시의 대상으로 삼고 있는데 거기에는 오석을 캐는 탐석꾼이 등장한다. 눈길을 거쳐 강바닥을 뒤지며 오석을 캐는 탐석꾼들은 마치 인간의 남은 슬픔이나 회한을 캐내는 듯하다. 왜냐하면 시인은 단강을 "누군가 잃어버린 꿈들이／얼굴 없는 돌로 박혀 울고 있는 곳"으로 파악하고 있기 때문이다. 돌을 캐는 사람들은 사람이 이루지 못한 꿈, "밑창 빠진 슬픔"을 건져올리듯 돌을 캐내지만 결국에는 그들은 무거운 돌로 박혀 끝내 돌아오지 못한다고 시인은 적고 있다. 이것은 바로 인간 존재가 비애의 굴레에서 벗어날 수 없다는 인식을 드러낸다. 이런 점에서 노향림 시인은 인간 존재의 모순성, 생의 아이러니에 관심을 가진 것으로 보인다. 다음과 같은 시에서 우리는 노향림 시인의 그러한 특질을 더욱 뚜렷하게 파악할 수 있다.

남천은 괴롭다.
고층 아파트 베란다로 이사 온
그가 까마득히 내려다보는
절벽이 삶일까 생각하는 사이
멈췄던 생각들이 주춤주춤 빠져나간다.

각혈하듯 제 잎들을 토해서
빨갛게 언 발등을 덮는다.
추위에 꼼지락거리는 화분 위로 내놓은
발가락이 많이 텄다.

강변도로에는 혼돈이 식어서 밀리며 정체중이다.
밀리는 것은 사람만이 아니다.
나트륨 가로등의 목에 겨우 걸터앉아 조는
짧은 오후가 서쪽 하늘에 밀려 있다.

눈 뜨면 이마에서 사라지는
쇠오리들의
발꿈치.

밤섬이 한순간 수많은 은빛 가락지들을
뒷발질해 띄워올린다.
출렁거리던 섬이 마침내 상공으로
떠서 날아간다.

온몸에 오소소 소름이 돋는

한겨울 오후
남천은 벌겋게 달아오른 얼굴로
찬 땀을 매달고 섰다.

——「남천」 전문

　남국의 식물인 남천이 아파트 베란다에서 겨울을 보낸다는 사실부터가 하나의 아이러니이다. 시인은 남천을 인간 존재의 대리적 표상으로 설정하였다. 그것은 "까마득히 내려다보는／절벽이 삶일까 생각하는"이라는 구절에서 확인된다. 이 구절은 황량한 겨울 벌판을 보며 삶은 결국 이런 것이 아니겠느냐고 자문하던 「내 마음의 벌판」을 연상시킨다. 삶이 까마득한 절벽과 같다는 인식은 남천이 놓여 있는 아파트 주위의 정경을 보여줌으로써 더욱 구체화된다. 강변도로에는 오후 퇴근 차량이 정체중이고 겨울의 짧은 저녁도 서쪽 하늘에 밀려 있다. 이러한 도시의 삭막한 풍경 저편에 밤섬이 보이고 쇠오리들이 뒷발질을 하며 하늘 위로 떠오른다. 그러자 마치 섬이 상공으로 떠오르는 듯한 착각을 불러일으킨다.

　강변도로의 아파트에서 보이는 이러한 자연 정경이나 생명의 움직임도 도시의 삭막함에 어울리지 않는다는 점에서 베란다에 놓인 남천의 모습과 유사하다. 이 모든 것은 제자리를 제대로 찾지 못한 존재의 아이러니를 상징한다. 마지막 시행의 "온몸에 오소소 소름이 돋는／한겨울 오후／남천은 벌겋게 달아오른 얼굴"을 하고 있다는 표현도 아이러니를 시각적으로 나타내는 것이며 벌겋게 달아오른 얼굴에 "찬 땀을 매달고 섰다."는 표현도 역시 존재의 전도된 모습을 나타낸다. 결국 이 시는 남천이라는 식물을 대상으로 하고 있지만 그 실상에 있어서는 시인 자신의 어긋난 삶의 모습 혹은 인간 존재방식의 모순성을 상징한다.

그러면 이렇게 어긋나 있는 실존의 상태에서 사람은 어떻게 살아가야 할까? 「풀잎 일기 2」에서 시인은 장독대 밑에 피어 있는 풀들을 보며 아무리 짓밟혀도 앙상한 뼈가 드러난 채 있는 힘을 다해 흔들리는 그들의 생명력에 감탄한다. 짓밟혀도 믿음과 의지를 가지고 흔들리는 것이 존재의 살아있음을 징표하는 것이고 그러한 존재의 움직임을 통하여 이상적인 상태에 닿을 수 있다는 믿음도 생긴다. 그러한 관점에서 시인은 「노래」에서 지금 녹슨 악기소리를 내는 자신의 몸과 마음을 가다듬어 맑게 목청 트일 날이 오기를 염원해보기도 한다. 그것은 곧 푸르른 소나무숲을 꿈꾸었던 자신의 청신했던 내면에 대한 회귀의 지향이기도 하다. 그런가 하면 「파브르의 곤충기 1」에서는 벌이 짝을 찾아 수천 수만리를 단독으로 비행한다는 이야기를 근거로 하여 다시 자신에게 찾아들 사랑의 가슴설렘을 기다려본다. 다시 찾아들 사랑의 청신한 황홀함을 "내 안으로 날아 들어올／날 가로운／인시큐 하나"로 표현한 데서 시들지 않은 시인의 예민한 감각을 엿볼 수 있다.

 시인이 정적의 공간 속에 평화를 유지하고 싶은 갈망을 가지고 있으나 결국은 적막 속에 허무와 비애만을 느끼게 될 때 생의 아이러니를 인지하게 된다. 생의 아이러니와 존재의 모순을 절감하면서도 시인은 모순에서 벗어나려는 의지의 몸부림을 풀잎에서 찾아보기도 하고 청신한 사랑의 순수성이 다시 찾아오기를 기다린다든가 맑은 노래를 부를 그날을 염원해보기도 한다. 그러한 과정을 거쳐 시인이 도달한 마음의 자세는 '은밀히 견디는' 것이다. 다음의 시는 그러한 시인의 마음가짐을 그야말로 은밀히 암시해준다.

 불빛 반짝이는 오피스텔 옥상 너머 흐릿하게 보이는 산동네 골목길 헐벗은 나무들이 진눈깨비에 갇혀서 숨막혀 한다. 마음 지그시 누르고 누군가 은밀히 견디고 있다.

지난 눈사태에 낮은 지붕들은 더욱 짓눌리어 있고 잡목숲 밑에는 마른풀들이 목을 움츠린다. 낮 동안 벗은 몸 맘껏 햇볕 쬐던 겨울나무들이 내리는 눈으로 막막한 꿈을 헤쳐놓고 잠든다.

가파른 곳엔 흰 파라티온 묻은 하늘이 뭉텅뭉텅 잘려나갔다. 헐린 한 시절은 끝내 돌아오지 못한다. 잔액처럼 남아 있는 꿈이 밤새워 뒤척거리다가 눈속에 묻혀 눈으로 흔들린다.
———「산천동」 전문

이 시에도 삶의 아니러니가 여러가지 양태로 제시되어 있다. 불빛 반짝이는 오피스텔과 옥상 너머로 흐릿하게 보이는 산동네 골목길이 우선 우리들 삶의 대조적인 모습을 연상시킨다. 헐벗은 나무들이 진눈깨비에 갇혀 숨막혀 한다거나 눈사태에 낮은 지붕들이 더욱 짓눌리어 있다는 구절, 잡목숲 밑에 마른풀들이 목을 움츠린다는 표현은 우리들 삶의 폐쇄감과 질식감을 시각적 영상으로 나타낸다. 그리고 헐린 한 시절이 끝내 돌아오지 않는다는 구절에서도 시적 자아의 막막한 소멸의식과 전망 없는 부재의식이 드러난다. 그런데 이렇게 도저한 허무의식으로 치달아 갈 것 같은 공백의 추락감은 "마음 지그시 누르고 누군가 은밀히 견디고 있다."든가 "남아 있는 꿈이 밤새워 뒤척거리다가 눈속에 묻혀 눈으로 흔들린다."는 표현에서 정신의 균형을 취한다. 폐쇄와 소멸의 상황 속에서도 은밀히 견디고 남아 있는 꿈을 깊이 내면화함으로써 상황의 각박함을 거쳐갈 수 있다는 것이 시인의 생각이다.

  이러한 생각이 단호하게 겉으로 표명되지 않고 시의 문면에 은밀하게 암시되었다. 그렇게 은밀한 암시의 방법이야말로 시적인 것의 본질과 통한다. 겉으로 분명하게 드러내는 것은 산문의 방법이고 그것은 웅변에 속하는 것이리라. 노향림 시인의 어법은 시적인 절도를 지키고 있으며 그것은 모든 시의 문면에 시적 영기(靈氣, aura)를 감돌게 한다. 그러한 시의 심미적 윤기가 정신의 균형과 조화를 이루면서 한편의 시집으로 완성되었다. 그것은 마치 깊은 산사의 새벽, 혹은 오래 된 성당의 높은 첨탑에서 환기되는 정적의 아름다움을 연상시킨다. 그러한 정적의 미의식으로 가득 찬 한권 시집의 발간을 축하하며 이 글을 마친다.

후 기

『그리움이 없는 사람은 압해도를 보지 못하네』를 펴낸 후, 6년 만에 새 시집을 묶는다. 시를 써온 지 30여년 세월이 흘렀지만 시집을 낼 때마다 나는 겸손해진다. 정신의 한 정점을 향해 나는 과연 비상했는가를 자문해본다. 시의 본질에 다가갔는가를 생각하면 한없이 부끄럽기만 하다.

나는 늘 혼자다. 이 말처럼 완벽한 말을 나는 아직도 발견하지 못했다. 나로 하여금 자신이 어떤 존재인가를 깨닫게 하고 가르쳐주는 말이기에 그렇다. 내 속에 존재하는 모든 근원적인 고독을 떠올리며 나는 이 시집을, 외로움을 깊이 앓는 독자에게 드리고 싶다. 후투티는 불길한 전조의 새라고 한다. 하지만 후투티가 나의 섬에 날아와서 갇힌 자아를 뒤흔들어 무한대로 풀어놓아주기를 바란다. 나는 그 후투티를 내 생의 행운의 새로 받아들이겠다. 영원히 날아오지 않을지도 모르지만. 끝으로 시집 제작을 위해 애써주신 창작과비평사 여러분께 감사드린다.

1998년 9월
노 향 림

창비시선 180
후투티가 오지 않는 섬

초판 1쇄 발행/1998년 10월 24일
초판 3쇄 발행/2014년 4월 3일

지은이/노향림
펴낸이/강일우
펴낸곳/(주)창비
등록/1986년 8월 5일 제85호
주소/413-120 경기도 파주시 회동길 184
전화/031-955-3333
팩시밀리/영업 031-955-3399 · 편집 031-955-3400
홈페이지/www.changbi.com
전자우편/lit@changbi.com

ⓒ 노향림 1998
ISBN 978-89-364-2180-9 03810

* 이 책 내용의 전부 또는 일부를 재사용하려면
  반드시 저작권자와 창비 양측의 동의를 받아야 합니다.
* 책값은 뒤표지에 표시되어 있습니다.